Tilde Michels

Knusper, knusper Mäuschen

mit Bildern von Bernhard Oberdieck

Ellermann Verlag

»Winter wird's«, sagt Mutter Maus.
»Kommt, wir suchen uns ein Haus,
wo wir ohne Angst und Plage
überstehn die kalten Tage.«

Bald ist auch ein Loch erspürt,
das durch eine Mauer führt.
Und mit trippel, husch und hupf
landen sie im Unterschlupf.
Vater, Mutter, Kinder zwei,
Onkel Bopp ist auch dabei.
Onkels Bauch ist kugelrund,
denn er nascht, das ist der Grund.

Vater Maus ruft: »Kommt und seht,
was dort in der Ecke steht!
Das ist was für unsern Magen.
Laßt uns ein paar Löcher nagen!«
Nur der Onkel nörgelt rum.
»Gibt's nichts Beßres? Ach, warum
immer dieses Körnerfutter!
Ich will Käse, Speck und Butter.
Und auch einen leckren Kuchen
möcht' ich wieder mal versuchen.«

Aah, da ziehen aus der Küche
wunderbare Back-Gerüche.
Jetzt kommt Onkel Bopp in Fahrt,
hebt sein Schnäuzchen mit dem Bart
zitternd in die Kellerluft,
denn er schnuppert süßen Duft.
»Fieep, die backen Weihnachtsplätzchen!«
Gierig reibt er sich die Tätzchen,
tätschelt seinen Bauch und sagt:
»Heute nacht gehn wir auf Jagd.«
Vater Maus piepst: »Du vergißt,
daß das sehr gefährlich ist.«
Und die Mutter nickt und spricht:
»Vorsicht! erste Mäusepflicht.
Kinder, seid auf eurer Hut!
Wollt ihr mit, dann braucht ihr Mut.«
Die zwei Jungen rufen: »Klar –
wir gehn mit, trotz der Gefahr.«

Also gut. Sie sind bereit,
warten auf die Dunkelheit.
Huschen durch die Besenkammer
in die Küche. Doch, o Jammer!
Alle Plätzchen sind versteckt,
in der Dose zugedeckt.
Ganz vergeblich ist ihr Rütteln,
ihr Gezerre und ihr Schütteln.

Dann ein Schreck! Im Lampenschein
schleicht ein Junge sich herein.
Hastig stürzen da kopfunter
alle fünf vom Tisch herunter.
Auch ein Teil von dem Geschirr
fliegt zu Boden mit Geklirr.

›He, was ist denn da gehüpft?
Was ist untern Tisch geschlüpft?‹
fragt sich Karli ganz erschreckt.
Wenn ihn jemand hier entdeckt,
wie er gerade Plätzchen klaut!
Und ihn kribbelt's auf der Haut.
Dann – mit seiner Lampe Schein –
fängt er die fünf Mäuse ein.
Onkel Bopp quiekt: »Es ist aus!«
»Unsinn«, wispert Vater Maus.
»Dieser Mensch ist nicht gefährlich;
das ist freilich unerklärlich.
Seht, er fürchtet selber sich;
fürchtet sich wie ihr und ich.«

»Kommt nur rauf!« Der Karli lacht,
hat die Dose aufgemacht.
Und sie klettern voller Glück
wieder auf den Tisch zurück.
Onkel Bopp, von Angst befreit,
stürzt sich voller Seligkeit
gleich als erster aufs Gebäck
und schnappt einen Zimtstern weg.
Alle knabbern, knuspern, schmatzen,
bis fast ihre Bäuche platzen.
Sagen: »Dank, es war ganz toll!«
Huschen heimwärts, satt und voll.

»Kinder, dieses war nun euer
erstes echtes Abenteuer,
und es ging sehr glücklich aus«,
spricht zufrieden Mutter Maus.
»Merkt jedoch, vergeßt es nicht:
Vorsicht! erste Mäusepflicht.
Denn nicht alle Menschen sind
mäusefreundlich wie dies Kind.«

In der Nacht im Kellernest
feiern sie ein Mäusefest.
Onkel Bopp schlägt mit dem Schwanz
flott den Takt zu ihrem Tanz.